ALLOCUTION
DE PIE VI,

DANS UN CONSISTOIRE SECRET,

A L'OCCASION DU MEURTRE

DE LOUIS XVI,

ROI DE FRANCE.

A TOULOUSE,

Chez Augustin MANAVIT, imprimeur du Roi,
rue Saint-Rome.

1815.

ALLOCUTION
DE PIE VI,

Dans un Consistoire secret, tenu le 17 juin 1793, à l'occasion du meurtre de Louis XVI, *Roi de France.*

Vénérables frères,

Nos larmes et nos sanglots laisseront-ils un libre cours à nos paroles ? n'est-ce pas plutôt par des gémissemens que doit s'exprimer la douleur profonde dont nous sommes saisis, en vous retraçant l'horrible spectacle de cruauté et de barbarie, que la France nous a offert le 21 janvier de cette année ?

Des hommes impies avaient conspiré la mort de Louis XVI, roi très-chrétien ; ils l'ont condamné, et leur jugement a eu son exécution. Mais exposons en peu de mots quel a été ce jugement et la manière dont il a été rendu. C'est l'ouvrage de la *Convention nationale*, qui n'avait pas ce pouvoir, qui a violé les formes de la justice. Après avoir aboli le gouvernement monarchique, le meilleur de tous, elle déféra la souveraineté au peuple, qui agit sans raison et sans conseil; qui manque de discernement, juge rarement selon la vérité, et souvent d'après l'opinion, insconstant, aisé à séduire et à entraîner dans tous les excès, ingrat, arrogant, cruel, qui, tel qu'on le voyait dans les amphithéâtres des païens, se repaît avec plaisir du supplice des malheureux expirans.

Les plus féroces d'entre ce peuple, non contens d'avoir secoué le joug de leur Roi, voulaient encore lui arracher la vie ; ils lui donnèrent pour juges ses propres accusateurs, qui s'étaient déclarés ses ennemis dès le commencement du procès. On se hâta d'appeler à la Convention quelques scélérats pour faire prévaloir le parti des régicides ; mais on n'y parvint pas même en augmentant leur nombre, en sorte que Louis XVI fut immolé par la minorité. Quel crime affreux, horrible, exécrable à tous les siècles ne devait-on pas attendre de tant de juges iniques et pervers, de tant de suffrages captés ! Cependant l'horreur qu'il inspirait en avait détourné plusieurs : de grandes contestations s'élevèrent parmi les votans ; on convint de revenir aux voix encore un coup ; et quoique le nouveau calcul ne répondît pas à l'attente des conjurés, ils déclarèrent que le nombre des votes était suffisant.

Nous passons bien d'autres circonstances également nulles et illégales, qu'on peut voir dans les plaidoyers éloquens des défenseurs du Roi, et dans les papiers publics du temps. Nous ne dirons pas non plus tout ce que le Roi eut à souffrir avant sa mort : ses différentes prisons où il était gardé jour et nuit, et d'où l'on venait le tirer de temps en temps pour le traduire à la barre de la *Convention*, son confesseur massacré (*), sa séparation de toute la famille royale si chère à son cœur : tous les genres de persécutions inventés pour l'affliger ou l'humilier, et dont le récit ferait frémir quiconque n'a pas dépouillé tout sentiment d'humanité ; surtout quand on sait bien quel était le caractère de Louis, doux, bienfaisant, porté à la clémence, plein d'amour pour son peuple, ennemi de la rigueur et de la sévérité, usant de

______

(*) Louis Hebert, supérieur des Eudistes, et l'un des martyrs des Carmes dans les jours de septembre.

la plus grande indulgence à l'égard de ses sujets ; ce qui l'avait engagé à convoquer les Etats généraux qu'on lui demandait, et qui furent si funestes à l'autorité royale, et ensuite à sa propre vie.

Cependant nous ne saurions oublier son testament écrit de sa propre main, et qu'on a imprimé partout, dans lequel il nous découvre avec les grandes qualités de son âme, les sentimens les plus cachés de son cœur : et où brillent son éminente vertu, l'ardent amour qu'il avait pour la religion catholique, une tendre piété envers Dieu, sa douleur, son vif repentir d'avoir souscrit, même malgré lui, des décrets contraires à la discipline et à la foi orthodoxe de l'Eglise. Accablé par tant d'adversités qui fondaient sur lui de jour en jour avec une nouvelle violence, il pouvait bien dire comme ce roi d'Angleterre, Jacques Ier, *qu'on répandait dans les communes des calomnies contre sa personne, non pour quelque crime qu'il eût commis, mais parce qu'il était roi, ce qui passait alors pour le plus grand des crimes.*

Mais suspendons pour un moment ce récit ; tirons de l'histoire, et produisons un exemple entièrement conforme à notre sujet, bien appuyé d'ailleurs du témoignage des écrivains originaux.

Marie Stuart, reine d'Ecosse, fille du roi Jacques V et veuve de François II, roi de France, prit le titre de reine d'Angleterre, que les anglais avaient déjà déféré à la reine Elisabeth. Plusieurs historiens ont raconté tout ce qu'elle eut à souffrir de la violence et des artifices de sa rivale et du parti des calvinistes. Souvent traînée dans les prisons, souvent emmenée devant ses juges, elle avait refusé de répondre, disant qu'une reine ne doit compte de sa vie qu'à Dieu seul. Lassée enfin de tant de persécutions, elle répondit, elle confondit ses accusateurs, elle prouva son innocence. Mais ses juges n'en persistèrent pas moins dans le dessein qu'ils avaient formé contr'elle : ils la condamnèrent à mort, comme si elle eût été coupable et convaincue, et cette royale tête tomba sous la hâche des bourreaux.

Benoît XIV, après avoir rapporté ce fait, dans son ouvrage de la canonisation des saints, poursuit son discours par ce raisonnement : « Si pour prouver que cette reine
» fut martyre, on commençait les infor-
» mations qui n'ont pas été encore faites,
» on prendrait naturellement les preuves
» du contraire dans la sentence portée par
» ses juges et dans les autres écrits, où les

» hérétiques se sont déchaînés contr'elle
» avec fureur, particulièrement dans un
» libelle diffamatoire de George Buchanan,
» qui a pour titre *Marie démasquée*. Mais
» si l'on examine la véritable cause de sa
» mort, qui n'est autre que la haine de
» la religion catholique qu'elle aurait main-
» tenue en régnant; si l'on pèse l'invinci-
» ble constance avec laquelle elle repoussa
» toutes les propositions qu'on lui fit d'ab-
» jurer la religion catholique ; si l'on réflé-
» chit à cette force étonnante avec laquelle
» elle souffrit la mort ; si l'on fait attention,
» comme on le doit, aux protestations
» qu'elle fit avant sa mort et au moment
» de sa mort, qu'elle avait toujours vécu
» catholique et qu'elle mourait volontiers
» pour la foi catholique ; si l'on ne néglige
» point, comme on ne doit point négli-
» ger, de rappeler les raisons bien évi-
» dentes qui montrent non-seulement la
» fausseté des accusations intentées contre
» la reine Marie, mais encore l'iniquité de
» la sentence de mort, appuyée, seulement
» pour la forme, sur des faits calomnieux,
» mais dont la véritable cause était la haine
» de la religion catholique, et le dessein
» de maintenir l'hérésie dans l'Angleterre,
» *peut-être il ne manquera rien aux con-*

» *ditions requises pour constater le martyre.* »

Nous apprenons de saint Augustin que c'est la cause et non le supplice qui fait le martyr : et voilà pourquoi Benoît XIV, en se déclarant pour le martyre de Marie Stuart, se mit à examiner s'il ne suffit pas que le tyran, lorsqu'il condamne à mort, soit mû par la haîne de la foi catholique, quoiqu'il prenne occasion de quelqu'autre motif étranger à la foi, ou qui n'a qu'un rapport accidentel avec la foi : et il se décida pour l'affirmative, par la raison que la nature d'une action ne se prend pas de la cause qui y donne occasion ou qui y porte, mais de la cause finale ; d'où il conclut que c'est assez pour le martyre que le tyran soit mû par la haîne de la foi, lorsqu'il prononce la peine de mort, quoiqu'il prenne occasion de la décerner d'une autre cause qui, à raison des circonstances, est étrangère à la foi.

Revenons à présent au roi Louis. Si l'autorité de Benoît XIV est d'un grand poids, si l'on doit de la déférence à son opinion, lorsqu'il se déclare en faveur du martyre de la reine Stuart, pourquoi serions-nous d'un autre sentiment, touchant le martyre du roi Louis. C'était de part et d'autre les mêmes sentimens, le même dessein ; ce fut le même genre de mort. Le mérite doit donc être le même.

Qui peut douter que ce Roi n'ait été immolé principalement en haine de la foi et par l'esprit persécuteur des dogmes catholiques ? Il y avait long-temps que les calvinistes cherchaient à ruiner en France cette religion sainte, mais il fallait d'abord y préparer les esprits et corrompre la croyance publique par des doctrines impies qu'ils ne cessaient de répandre dans des libelles séditieux et perfides. Ils s'associaient dans ce dessein une foule de philosophes pervers. L'assemblée générale du clergé de France, tenue en 1745, avait démasqué ce pernicieux complot des artisans de l'impiété, et nous-même, dès le commencement de notre pontificat, nous avions fait connaître le détestable artifice de ces écrivains perfides et toute la grandeur du danger, lorsque dans notre lettre encyclique aux évêques de la catholicité, nous les exhortions dans les termes suivans : *Retranchez le mal du milieu de vous, c'est-à-dire les livres empoisonnés, et mettez tout votre zèle et tous vos efforts à en détourner le troupeau.*

Si nos exhortations et nos avis eussent eu un autre succès, nous n'aurions pas à gémir aujourd'hui

aujourd'hui sur les excès d'une philosophie
qui renverse les trônes et les rois. Quand
ces hommes détestables eurent compris leur
force, et que le moment était venu d'exé-
cuter leurs desseins, ils commencèrent à
dire ouvertement, dans un livre imprimé
en 1787, que *c'est une action louable de
tuer le prince, qui ne veut pas se soumettre
à la religion réformée, ni prendre en sa
faveur la défense des protestans.* On venait
de publier cette horrible assertion, lorsque Louis XVI tomba dans les derniers
malheurs de sa vie : d'où l'on voit quelle
a été la source de ses infortunes, et que
l'effet des mauvais livres qu'on publiait en
France était comme le fruit d'une racine
empoisonnée.

On écrivait dans une vie imprimée de
Voltaire, le plus scélérat des hommes, que
le genre humain lui aurait des obligations
éternelles, comme au premier auteur de
la révolution ; qu'il avait fait connaître au
peuple sa force, et lui avait appris à en
faire usage ; qu'il avait fait tomber la première et la plus formidable barrière du
despotisme, le pouvoir religieux et sacer-
dotal ; que s'il n'eût pas brisé le joug de
la religion, jamais on n'eût brisé le joug
de la royauté ; l'un et l'autre se tenant si

étroitement, que le premier une fois secoué, le second devait l'être bientôt après. Ils célèbrent ainsi le nom et la gloire des écrivains impies, comme un triomphe remporté sur l'autel et le trône par les chefs du parti victorieux.

Ce fut alors que, pour attirer la multitude, la gagner ou plutôt la séduire par de flatteuses espérances dans toute l'étendue du royaume, ils trouvèrent ce beau nom de *liberté*, et appellèrent le peuple sous ses étendards. La voilà en effet cette *liberté philosophique*, dont le but est de corrompre les esprits, de dépraver les mœurs et de bouleverser l'ordre social. Le clergé de France, dans une assemblée générale, avait déjà proscrit ces fausses maximes qui se répandaient dans le peuple : nous mêmes dans la lettre encyclique dont nous avons parlé, nous l'avions signalée en ces termes. *L'objet de cette philosophie perverse est de briser tous les liens qui attachent les hommes entr'eux, et à leur souverain, et les tiennent dans le devoir ; ainsi ils proclament, ils répètent jusqu'à la nausée que l'homme naît libre et indépendant de ses semblables ; que la société est une multitude d'hommes stupides qui se prosternent devant les prêtres qui les trompent, devant les rois qui les*

oppriment ; en sorte que l'accord du sacer-
doce et de l'empire est une affreuse cons-
piration contre la liberté naturelle de l'homme.

A ce nom imposteur de *liberté*, ces pré-
tendus défenseurs du genre humain ajoutè-
rent le nom également faux de *l'égalité*,
comme si dans la société civile, composée
d'hommes sujets à diverses passions et à tous
leurs caprices, il n'était pas besoin d'une
autorité qui les retienne, les dirige et les
rappelle au devoir ; sans quoi la société
entière, dans ce choc éternel de passions
aveugles et opposées, tomberait dans une
affreuse anarchie, et serait bientôt dissoute :
comme l'harmonie qui résulte de l'accord
de plusieurs sons, finirait par la confusion
et la dissonance, si les instrumens et les
voix ne s'accordaient ensemble.

Ensuite *s'étant déclarés eux-mêmes*, selon
l'expression de saint Hilaire de Poitiers,
*les censeurs de leurs maîtres et les juges de
la religion*, qui n'est autre chose qu'un
devoir d'obéissance, ils se mirent à régler
l'Eglise, et à lui donner une forme nouvelle et inouïe. C'est de leurs bureaux que
sortit cette constitution sacrilége que nous
proscrivîmes dans notre réponse du 10 mars
1791, aux trente évêques qui nous consul-
taient. On peut bien appliquer ici ces

paroles de S. Cyprien : *Comment se ferait-il que le chrétien orthodoxe fût jugé par l'hérétique, l'homme en santé par le malade, l'homme sain par l'homme blessé, celui qui est debout par celui qui est à terre, le juge par le criminel, le prêtre fidèle par l'apostat ? Que resterait-il après cela que de céder aux idoles le temple du Dieu vivant ?*

Les français qui demeuraient fidèles et rejetaient avec constance le nouveau serment de la constitution civile, furent dévoués aux persécutions et à la mort. Il s'en fit d'abord un grand carnage : quantité de prêtres furent massacrés, des évêques égorgés. Notre Seigneur J.-C. par son exemple, nous a appris avec qu'elle piété, quel respect profond nous devons les honorer ; *lui, qui,* au rapport de S. Cyprien, *rendit jusqu'au jour de sa mort, l'honneur dû aux pontifes et aux prêtres, quoiqu'ils ne rendissent eux - mêmes, ni l'obéissance qu'ils doivent à Dieu, ni l'hommage qu'ils doivent à son Christ.*

Il périt enfin une multitude de personnes : la peine la plus douce était le bannissement ; on les jetait dans les pays étrangers sans distinction d'âge, de condition, de sexe. Un décret portait que chacun pouvait suivre librement la religion qu'il voudrait, comme si le chemin du salut était ouvert indiféremment pour toutes ; mais la religion catholique seule était proscrite et punie comme un crime capital ; le sang ruisselait dans les places, dans les rues, dans les maisons, et les terres étrangères ne mettaient pas toujours à couvert ceux qui avaient pris la fuite : on allait quelquefois les y surprendre et les massacrer.

Tel est le caractère de l'hérésie ; elle l'a montré dès les premiers temps du christianisme. Mais c'est surtout en France celui des calvinistes. Leur usage fut de contraindre par la violence de céder à leurs prétentions.

Cette suite non interrompue d'attentats impies ne montre-t-elle pas clairement que la haîne de la religion est le principe des désordres séditieux qui agitent et soulèvent dans ce moment toute l'Europe, et qui peut nier qu'elle n'ait été la cause de la mort sanglante de Louis XVI ?

Ses accusateurs lui ont cherché dans la politique plusieurs griefs ; on y remarque cependant sa fermeté à refuser sa sanction au décret d'exportation rendu contre les prêtres fidèles ; sa lettre à l'évêque de Clermont, dans laquelle il promettait de rétablir le culte catholique , sitôt qu'il en aurait le pouvoir. N'en est-ce pas assez pour affirmer sans témérité que Louis est mort martyr ? La sentence de Marie Stuart , portait sur l'accusation de quelques complots tramés contre l'état : on y fesait simplement mention de sa religion. Néammoins Benoit XIV , laissant de côté tous les prétextes dont on couvrait cette sentence inique , jugea que le véritable motif de la condamnation , celui qui l'emportait sur tout le reste, c'était la haîne de la religion, d'où il conclut favorablement pour la cause du martyre.

On objecte contre Louis l'approbation qu'il avait donnée à cette constitution civile , condamnée par nous dans notre réponse aux évêques. D'autres pensent au contraire, et ils assurent que le Roi, quand on lui présenta cette constitution, hésita d'abord, et refusa de la souscrire dans la crainte que sa signature n'équivalût à la sanction. Il s'y détermina cependant par une raison bien simple, comme il paraît. Un de ses ministres, à qui le Roi se fiait le plus, (on nomme même ce ministre) lui fit entendre que sa signature ne ferait que rendre la pièce authentique ; afin que dans l'intention où il était de nous l'envoyer , nous ne pussions point la soupçonner de fausseté. C'est ce qu'il donne à entendre dans son testament, lorsqu'il dit : qu'il l'avait signée contre son intention. En effet, il se serait contredit lui-même, si, après l'avoir sincèrement approuvée, il l'eût ensuite constamment rejetée, soit en refusant sa sanction au décret d'exportation des prêtres insermentés, soit dans sa lettre à l'évêque de Clermont, dans laquelle il lui manifestait l'intention de rétablir le culte catholique en France.

Quoi qu'il en soit de tous ces faits, dont nous ne nous rendons point le garant, Louis se fût-il laissé tromper par imprudence ou par erreur, serait-ce une raison pour changer de sentiment au sujet de son martyre ? Nous ne le pouvons à la vue de cette rétractation solennelle, qui suivit de près et de sa mort à laquelle il fut condamné en haîne de la foi : et pour cette raison il nous paraît bien difficile de rien ôter à la gloire de son martyre. Il en fut ainsi de Saint Cyprien qui avait eu, sur le baptême des hérétiques, un sentiment contraire à la vérité. Dieu, dit saint Augustin en plusieurs endroits, acheva de retrancher par la faux du martyre ce qui restait encore d'impur en lui.

Ce fut de la même manière que la question fut proposée dans la congrégation des
rits par rapport au martyre de Jean de
Britto, jésuite, qui dans les missions de la
Chine avait adopté les rits chinois. Les
membres de la congrégation se declarèrent
sans hésiter pour la *négative*, c'est-à-dire,
que ce *n'était pas un obstacle*, parce que
le serviteur de Dieu avait rétracté, par le
martyre subséquent, l'usage qu'il avait fait
de ces rits : mais il y eut partage sur la
question, savoir, s'il ne conviendrait pas
de tenir cette décision secrète, de peur
qu'on n'en prît occasion de soutenir que le
double jugement déjà rendu contre ces rits,
avait été rétracté. Mais Benoit XIV, leva la
difficulté en ordonnant qu'on n'inférerait
point de cette décision que le saint Siége
se fût écarté des constitutions de ses prédécesseurs, qui avaient condamné ces rits :
en même-temps, il approuva la rétractation
que le vénérable de Britto avait signée, non
de sa main mais de son sang, puisqu'il
décida que l'exception opposée n'empêcherait point que dans la cause du serviteur de
Dieu, on ne procédât ultérieurement à la
discussion du doute, touchant le martyre, et
de la cause du martyre, ainsi qu'à la discussion des raisons de douter par rapport

aux

aux miracles et aux prodiges qu'on attribue à son intercession, comme porte le décret publié le 2 juillet 1741.

Pour nous, bien instruit de ce décret, et considérant que la rétractation de Louis est vraie et bien prouvée, qu'il l'a écrite et de sa main et de tout son sang répandu, nous ne croyons pas devoir nous éloigner beaucoup du jugement de Benoît XIV, non pour rendre aujourd'hui un décret semblable, mais pour persister dans notre première opinion sur le martyre du Roi Louis, nonobstant cette approbation de la constitution civile du clergé, quelle qu'ait été cette approbation.

O France ! France ! que nos prédécesseurs appelaient *une image de l'unité catholique, le ferme appui de la religion, non l'émule, mais le modèle des autres églises dans la ferveur de la foi et le dévoûment au saint Siége* : que tu as aujourd'hui d'aversion pour nous, de haîne pour la religion, et parmi ses plus grands ennemis qui furent jamais, que tu te signales par tes fureurs ! Cependant, tu as beau le vouloir, tu ne peux ignorer que la religion fait la sûreté et la stabilité des empires, en réprimant les abus du pouvoir et la licence des sujets, et voilà pourquoi les ennemis des

Rois aspirent, pour les perdre, au renver-
sement de la foi catholique.

O France encore une fois ! toi qui vou-
lus un roi catholique , parce que les lois
fondamentales du royaume n'en souffraient
point d'autre , tu le possédais ce roi catholique, et c'est pour cela même que tu l'as
fait périr ! Tel a été l'excès de ta fureur
que sa mort même ne l'a pas assouvie : elle
s'est déchaînée contre son cadavre. Tu lui
as refusé une sépulture honorable. Du moins
quand Marie Stuart fut morte, on eut égard
à la dignité royale. « Son corps fut porté
» dans un édifice public, on l'embauma,
» on le plaça dans un cercueil, on le tint
» prêt pour ses funérailles.... Ses domesti-
» ques et toute sa maison reçurent ordre de
» ne point s'éloigner , et de conserver les
» marques de leur premier rang, en atten-
» dant qu'on lui rendît quelque part les
» honneurs convenables ». Qu'as-tu gagné
par cette rage implacable , que honte ,
infamie ; et de la part des rois et de tous
les princes, l'indignation, la haine, et un
ressentiment qui surpasse de beaucoup celui
qu'inspira la reine Elisabeth.

O jour de triomphe pour Louis, à qui
Dieu a donné et la patience dans la per-
sécution et la victoire dans le tourment !

Oui, nous en avons la confiance : il a échangé une fragile couronne royale et des lys qui se flétrissent bientôt, pour une autre couronne durable, que les anges ont tissu de lys immortels.

Pour nous, à qui le devoir de notre ministère apostolique est retracé par saint Bernard dans sa lettre à son cher Eugène, nous savons qu'il faut par nos soins amener les incrédules à la foi, les soutenir quand ils y sont retournés, les y ramener quand ils s'en écartent. Nous avons sous les yeux l'exemple de notre prédécesseur Clément VI, qui ne cessa point de venger la mort d'André, roi de Sicile, en prononçant les plus fortes peines contre les meurtriers et leurs complices, comme on le voit dans ses lettres apostoliques. Mais que pouvons-nous obtenir de ce peuple, qui non content de mépriser nos avis, nous a indignement attaqué par des offenses, par des usurpations, des injures, des calomnies, et dont la folle audace va jusqu'à fabriquer, sous notre nom, des écrits conformes à ses erreurs. Laissons-le donc, puisqu'il le veut ainsi, s'obstiner dans son déplorable aveuglement; espérons que le sang innocent de Louis crie pour ainsi dire, et prie pour que son peuple reconnaisse et déteste son obstination dans les forfaits qu'il accumule ; qu'il considère la terrible vengeance que Dieu tire ordinairement des crimes publics moins énormes que les siens.

En prolongeant ainsi ce discours, nous avons cherché parmi vous quelque consolation à notre douleur. Il nous reste en finissant, à vous inviter au service solennel que nous ferons, selon l'usage, pour le roi mort. Ce triste devoir, les prières funèbres pourraient paraître inutiles à celui qui passe déjà pour un martyr, selon ces paroles de saint Augustin : « L'Eglise » ne prie pas pour les martyrs ; c'est à » leurs prières qu'elle se recommande ». Mais cela doit s'entendre, non de celui qui passe pour un martyr d'après le sentiment des hommes, mais de celui qui a été reconnu tel par un jugement du Siége apostolique. Ce sera donc au jour qui vous sera indiqué, vénérables Frères, qu'unis à vous nous célébrerons dans notre chapelle pontificale un service public en mémoire de Louis XVI, roi très-chrétien.

N. B. Ce discours fut prononcé le 17 juin 1793, six mois après la mort du Roi. On le trouve imprimé en latin dans le Recueil des décisions du S. Siége apostolique. Rome, 1800. Tome 3.e , page 304. (LXVI.) N.º V.